L'ÉCOLE
DE LA RÉFORME SOCIALE

PAR

LE R. P. RAMIÈRE, S. J.

DEUXIÈME PARTIE

LES RUINES DE LA RÉVOLUTION

ET LES CONDITIONS DE LA RÉFORME

> Tâchez de savoir, par les habitants les plus honorables, les inclinations du peuple, les coutumes du pays, la forme du gouvernement, les opinions et tout ce qui touche à la vie civile...
>
> (Saint François Xavier.)

PRIX : 30 CENTIMES

TOURS

ALFRED MAME ET FILS, LIBRAIRES-ÉDITEURS

PARIS, DENTU, LIBRAIRE

PALAIS-ROYAL, 19, GALERIE D'ORLÉANS

Juin 1875

SOMMAIRE

—

Avertissement. (Voir la 1ʳᵉ partie.)

DEUXIÈME PARTIE

LES RUINES DE LA RÉVOLUTION ET LES CONDITIONS DE LA RÉFORME

L'ÉCOLE

DE LA RÉFORME SOCIALE

---

§ XI. LA RÉVOLUTION A DÉSORGANISÉ LA FAMILLE

La famille est la société primordiale ; et, dans l'ordre de la nature, elle est la société modèle. Quand Dieu voudra établir sur la terre une société qui fasse participer les hommes aux richesses et aux joies de la société des cieux, il créera une famille divine, et il élèvera à l'ordre surnaturel les éléments constitutifs de la famille humaine. Celle-ci est donc l'ébauche de l'Église catholique, la plus divine entre toutes les œuvres de Dieu. Elle nous offre, réduites à leurs proportions les plus restreintes, et douées pourtant de leurs plus fécondes énergies, les trois personnes de la trinité sociale : le chef, le ministre et le sujet ; et elle remplace, par un instinct merveilleux, le lien vital que la charité divine forme entre les membres de l'Église. Tandis que l'égoïsme inné à l'homme semblerait devoir pousser les membres de la famille à séparer leurs intérêts, rendre l'autorité du chef tyrannique, la coopération du ministre aussi bornée que son pouvoir, la subordination du sujet mécontente et haineuse ; l'esprit de famille, trompant l'égoïsme par une divine illusion, les porte à se considérer comme participant à une même vie, à confondre tous leurs intérêts et à s'embrasser dans un même amour.

A moins donc que l'ordre de la nature ne soit renversé, on verra dans la famille l'amour-propre lui-même produire le dévouement, le père et la mère se consumer de travail pour les intérêts de leurs enfants, et cela avec autant de joie que s'ils travaillaient dans leurs propres intérêts ; et l'enfant se laisser conduire par ses parents avec autant de bonheur que s'il obéissait à ses propres inclinations.

En éclairant de ses splendeurs et en vivifiant de son esprit cette magnifique création de l'ordre naturel, le christianisme en avait resserré l'unité et accru l'harmonie. De récentes publications nous ont remis devant les yeux ce type devenu malheureusement trop rare de la famille chrétienne ; en lisant ces récits d'un âge qu'on voudrait nous faire mépriser, nous serions tentés de nous croire transportés dans un monde meilleur. Qu'est devenue, en effet, la famille dans nos sociétés révolutionnaires? Non-seulement elle est déchue de la dignité à laquelle le christianisme l'avait élevée, mais elle est tombée au-dessous de la nature. Le but premier de la Révolution était de détruire l'autorité, en la dépouillant de son auréole divine. Comment pouvait-elle atteindre ce but sans désorganiser la famille, qui repose uniquement sur l'autorité divine du père et de la mère? Qui pourra obliger l'enfant à obéir, du moment que la société entière fait profession de croire que ses parents n'ont pas reçu d'un pouvoir supérieur le droit de lui commander? Commencée dans la société civile, la révolte devait nécessairement s'étendre à la société domestique. Le sujet de ce petit royaume s'est vu autorisé par le droit nouveau à mépriser la royauté à laquelle Dieu en a confié le gouvernement ; et, chose plus triste, cette royauté n'a pas tardé à se mépriser elle-même ; ne pouvant plus s'imposer, elle a abdiqué. A la douce fermeté, qui entourait la faiblesse de l'enfant d'une sauvegarde indispensable, a succédé une faiblesse, non moins funeste pour l'inférieur que dégradante pour le supérieur ; au lieu de mettre un légitime amour-

propre dans le développement des bonnes qua-
lités de leurs enfants, les parents se laissent
entraîner par un lâche égoïsme à flatter leurs
inclinations vicieuses ; et ils se font les esclaves
de leurs caprices, en attendant qu'ils en devien-
nent les victimes.

Cette désorganisation de la famille, si bien
commencée par l'esprit de la Révolution, a été
consommée par ses lois. Le père, déclaré in-
capable de disposer librement de son héritage,
a été privé par là même de la sanction principale de son autorité. Ceux qui ont introduit dans
notre législation ce funeste régime avaient pour
but avoué de détruire les anciennes familles ; et
ils n'ont pas compris que le principe destruc-
teur, en passant dans les lois, devait perpétuer
son influence sur les nouvelles familles, et rendre
impossible la reconstruction de l'édifice social.
Nous n'insisterons pas sur les résultats de cet
attentat législatif contre les deux institutions les
plus fondamentales de la société humaine : la
propriété et la famille. Nos lecteurs connaissent
déjà les études auxquelles M. Le Play s'est livré
sur cet important sujet ; et il nous suffit d'en
rappeler ici les conclusions pour qu'on saisisse
la place qu'elles occupent dans le plan général
de la réforme sociale. Rien n'est plus évident :
si le père est dépouillé du droit de disposer de

l'héritage, il ne peut plus se faire craindre; s'il n'est pas craint, il ne sera pas respecté, puisque le respect est un sentiment composé de crainte et d'amour. Mais si l'autorité du père n'est pas respectée, il n'y a plus d'harmonie dans la famille, dont cette autorité est l'unique lien. L'enfant se trouve privé, à son entrée dans la vie, du frein qui seul peut arrêter la croissance de ses penchants mauvais et prévenir ses égarements futurs. Livré à l'égoïsme tout à la fois par son éducation et par sa nature, il apprendra à tout rapporter à lui-même; il commencera au sein même de la famille l'apprentissage des jalousies et des faiblesses qui doivent faire la honte et le malheur de son âge mûr; et, au lieu des forces nouvelles et des éléments de progrès que la société devait chaque année recevoir des familles, elle n'en recevra que de nouvelles causes de trouble et de décadence[1].

1 Cet article fondamental de l'œuvre de M. Le Play, admis chaleureusement par plusieurs publicistes catholiques, semble repoussé par l'un des rédacteurs les plus estimables de la *Revue des Questions historiques*, M. Henri de L'Épinois. Dans un article récent sur la *Restauration* (avril 1873), ce savant écrivain paraît envelopper la liberté testamentaire dans le blâme dont il frappe les tentatives faites par le gouvernement de la Restauration pour établir le droit d'aînesse. « L'affaiblissement si évident de l'autorité paternelle, dit-il, vient de la diminution du sens chrétien dans la société, qui se fait sentir chez les pères, hélas! comme chez les enfants. On va chercher à tort dans des

En même temps qu'elle détruisait par les lois de succession l'autorité du père, la Révolution a porté à la famille, dans la personne de la mère, un coup presque aussi désastreux ; elle a livré en proie aux brutales passions de l'homme la chasteté et la dignité de la femme, destinée à être la gardienne de l'innocence et de la vertu. de l'enfant. *Woman, thy name is frailty,* a dit le grand poëte anglais : Femme, ton nom est fragilité ; et ce n'est pas à la femme seulement, c'est à la vertu humaine que devrait être adressée cette douloureuse apostrophe. Mais, chez la jeune fille, cette fragilité, inhérente à toute vertu ici-bas, s'accroît de la double faiblesse de l'âge et du sexe. Elle a donc besoin d'une double protection. Puisque la société civile est établie pour être la sauvegarde des droits, elle ne peut permettre que le premier des droits de la femme

prescriptions légales le remède à un mal qui se trouve dans les mœurs. » Que la diminution du sens chrétien soit la cause principale de l'affaiblissement de l'autorité paternelle, et que toutes les prescriptions légales soient condamnées à l'impuissance tant que la religion n'aura pas restauré les mœurs, c'est ce que nous affirmons bien haut avec M. de L'Épinois, et ce que M. Le Play ne songe pas à nier. Mais il ne s'ensuit pas de là que les lois révolutionnaires, en ôtant à l'autorité paternelle sa principale sanction, n'aient pas activé puissamment la décadence née de l'irréligion, et opposé un obstacle très-sérieux à la régénération de la famille et de la société. Le sentiment de M. de L'Épinois et celui de M. Le Play sont donc vrais l'un et l'autre, et ne deviendraient faux qu'autant qu'ils s'exclueraient mutuellement.

soit impunément violé. Elle doit le protéger non-
seulement contre la force ouverte qui attaque la
faiblesse du sexe, mais encore contre la séduction qui abuse criminellement de l'inexpérience
de l'âge. Aussi, chez les peuples les plus prospères et les plus libres, la séduction est-elle
punie comme un délit, et le séducteur est-il
condamné à compenser, autant qu'il est possible de le faire, par une somme d'argent, le
tort irréparable qu'il a fait à sa victime.

C'est ici surtout que se montre l'hypocrisie
d'une Révolution qui s'annonçait au monde
comme envoyée pour rendre à tous égale justice, et relever de leur abaissement les classes
inférieures. En abrogeant les lois contre la séduction, elle a dépouillé les familles pauvres de
leur premier trésor et de leur plus indispensable
garantie. Exposée par son indigence à de conti-
nuels dangers que ne connaît pas l'enfant du
riche, la jeune fille pauvre n'a plus aucune défense, si le misérable qui spécule sur sa crédu-
lité et sa faiblesse n'a pas à craindre la vindicte
des lois. Aussi n'est-il pas nécessaire d'avoir
étudié de bien près la condition des classes ouvrières pour connaître l'abominable tyrannie
qu'elles subissent dans leurs membres les plus
frêles et les plus dignes d'intérêt. Qu'on ne nous
parle plus des « droits du seigneur » : toutes les

fables inventées pour rendre odieuse l'ancienne aristocratie, sont dépassées de beaucoup par les traitements trop réels infligés aux malheureux serfs de l'aristocratie industrielle. Et la pauvre jeune fille qui s'est vu ravir le joyau de sa chasteté avant même que sa raison ait pu en apprécier la valeur, devenue pour les autres et pour elle-même un objet de mépris, n'a aucun recours contre le scélérat opulent et honoré qui la condamne à mener une vie d'ignominie, ou à porter sur un front souillé la double couronne d'épouse et de mère.

M. Le Play a donc mille fois raison de nous signaler ce manque de respect pour la femme comme un des symptômes les plus effrayants de la contagion révolutionnaire. Montesquieu avait dit avant lui : « Il y a tant d'imperfections attachées à la perte de la vertu chez les femmes, toute leur âme en est si fort dégradée, ce point principal ôté en fait tomber tant d'autres, que l'on peut regarder, dans un état populaire, l'incontinence publique comme le dernier des malheurs et la certitude d'un changement dans la constitution[1]. »

Ainsi, atteinte par la Révolution dans ses

---

[1] *L'Esprit des lois*, liv. III, c. VII. — Voyez tout le § 25 de *L'Organisation du travail*.

deux bases essentielles, dans l'autorité du père et dans la dignité de la mère, la famille ne peut être qu'une ruine. Supposé même que ses membres échappent aux influences corruptrices des idées et des mœurs, ils ne pourront donner à leur union la stabilité dont les lois ont rendu le maintien impossible. Aussi le type d'organisation domestique qui tend à se répandre de plus en plus dans les contrées soumises au régime révolutionnaire est le plus imparfait de tous, celui que M. Le Play nomme *la famille instable*. L'impuissance où se trouve le père d'assurer des compensations suffisantes à celui de ses héritiers qui demeurerait avec lui et partagerait ses travaux, pousse tous les enfants à s'éloigner de la maison paternelle aussitôt qu'ils sont capables d'obtenir quelques profits. Le père n'a plus, dès lors, aucun intérêt à continuer une œuvre dont il ne peut assurer la perpétuité ; il se retirera donc du travail lorsqu'il verra ses forces diminuer, et lorsque son expérience l'aurait mis en état d'aider plus efficacement un collaborateur plus jeune. Souvent il n'attendra même pas la mort pour se défaire de son atelier ; et ses enfants, devenus étrangers les uns aux autres, se partageront les lambeaux de son héritage, que chacun d'eux morcellera plus tard entre ses propres enfants. Telle est la famille instable, généralisée par nos lois et nos mœurs révolutionnaires. Avec elle on ne saurait songer à établir aucune tradition durable, aucune œuvre assurée d'un long avenir. Elle réduit les matériaux de l'édifice social à l'état de grain de sable qu'un ciment, soumis à une constante dissolution, tient momentanément liés ensemble.

A l'opposé de ce type, qui pèche par une excessive mobilité, M. Le Play nous présente la famille patriarcale, à laquelle on peut justement reprocher un défaut contraire. C'est l'organisation qui présida à l'origine de toutes les civilisations, et que nous trouvons encore en vigueur dans certaines contrées de l'Orient. Le père conserve son autorité sur les enfants, même adultes; et ceux-ci, en fondant de nouvelles familles, dont ils sont les chefs subordonnés, ne se détachent pas du tronc auquel ils donnent de nouvelles branches. Cette réunion de plusieurs foyers en une seule confédération domestique est la transition de la vie de famille à la société civile. Ses avantages sont manifestes : elle permet aux familles associées de se soutenir et de se défendre mutuellement; elle assure aux plus faibles l'appui des plus forts, et enrichit ceux qui ont moins de la surabondance des plus opulents; mais elle a l'inconvénient de ne pas stimuler suffisamment l'activité et de ne pas encourager l'initiative. Celui qui travaille pour accroître un fonds commun n'est point encouragé à redoubler d'activité et de prévoyance, s'il n'espère pas de voir croître ses bénéfices dans une proportion égale.

Aussi M. Le Play accorde-t-il justement ses préférences au troisième type, qui réunit les avantages des deux premiers sans en partager les inconvénients : il le désigne par le nom de *famille-souche*, et nous en donne la description suivante :

Cette organisation associe aux parents un seul enfant marié ; elle établit tous les autres, avec une dot, dans un état d'indépendance que leur refuse la famille patriarcale. Elle perpétue au foyer paternel les habitudes de travail, les moyens d'influence et l'ensemble des traditions créées par les aïeux. Elle constitue un centre permanent de protection, auquel tous les membres de la famille peuvent recourir dans les épreuves de la vie ; et elle donne ainsi aux individus une sécurité qu'ils ne sauraient trouver dans la famille instable... Elle satisfait à la fois ceux qui se complaisent dans la situation où ils sont nés et ceux qui veulent s'élever dans la hiérarchie sociale par des entreprises aventureuses ; enfin elle concilie dans une juste mesure l'autorité du père et la liberté des enfants, la stabilité et le perfectionnement des conditions. Au surplus, pour démontrer la supériorité de ce troisième régime, il suffit de constater qu'il se crée partout où la famille est libre, et qu'il se maintient malgré les événements de force majeure qui troublent l'ordre établi. C'est ainsi que, en cas de mort prématurée de l'héritier-associé, chaque rejeton de la famille-souche renonce sans hésiter aux perspectives brillantes qu'il s'est ouvertes, et tient à honneur de revenir au foyer natal combler le vide qui s'y est fait [1].

Cette organisation, jadis très-répandue en France, comme elle l'est encore chez les peuples les plus prospères de l'Europe, s'est maintenue dans certaines contrées, en dépit du Code civil, qui provoque, à la mort de chaque chef de famille, la liquidation de la société domestique. M. Le Play nous a mis sous les yeux, dans une monographie pleine d'intérêt, la vie d'une de ces familles établie de temps immémorial dans le Lavedan, vallée des Pyrénées voisine de Lourdes. Il l'avait visitée en 1856, et l'avait trouvée en pleine prospérité. Mais, treize ans plus tard, cette prospérité avait fait place à la gêne la plus douloureuse. La division avait pénétré dans cette petite société qui, depuis quatre cents ans, se maintenait si unie et si heureuse ; et quelle était la cause de sa ruine ? un procès suscité par nos lois de succession.

M. Le Play prouve, en effet, par des chiffres

---

[1] *La Réforme sociale*, § 24, p. 356.

démonstratifs qu'en limitant au quart le préci-
put de l'héritier, dans les familles nombreuses,
ces lois rendent impossible le maintien de la
propriété intégrale. Elles n'atteignent donc pas
le but d'équité qui leur a servi de prétexte, et
leur unique résulat est de désorganiser la famille.

§ XII. LA RÉVOLUTION A DÉSORGANISÉ L'ATELIER

Dans les familles-souches, l'atelier se con-
fond avec la famille, et les domestiques, engagés
pour fournir à l'exploitation la main-d'œuvre
qui lui manque, sont traités sur le même pied
que les enfants de la maison. C'est le modèle
que devraient se proposer tous les ateliers, et
dont ils se rapprochent en effet dans toutes les
contrées que les idées et les pratiques de la
Révolution n'ont pas bouleversées. Plus la religion conserve d'influence sur les patrons et sur
les ouvriers, plus leurs rapports sont empreints
des caractères qui donnent à la vie de famille son
harmonie et son agrément. Écoutons M. Le Play.

Les pratiques qui sont le vrai symptôme de la
santé matérielle et morale des ateliers, celles que je
nomme essentielles, se reconnaissent surtout à deux
caractères : elles sont toutes abandonnées dans les
groupes manufacturiers de l'Occident, où s'accu-

mulent au plus haut degré les maux du paupérisme ; elles sont toutes conservées dans les établissements et les localités où règnent l'harmonie, la stabilité et le bien-être. Elles peuvent se grouper sous les six titres suivants : 1° permanence des engagements réciproques du patron et de l'ouvrier ; 2° entente complète touchant la fixation du salaire ; 3° alliance des travaux de l'atelier et des industries domestiques, rurales et manufacturières ; 4° habitudes d'épargne assurant la dignité de la famille et l'établissement de ses rejetons ; 5° union indissoluble entre la famille et son foyer ; 6° respect et protection accordés à la femme [1].

Il n'est pas une seule de ces conditions essentielles de l'harmonie et du bien-être de l'atelier que le souffle de la Révolution n'ait fait disparaître. Au lieu de s'allier ensemble pour la gestion de leurs communs intérêts, le patron et l'ouvrier se considèrent l'un l'autre comme des ennemis dont les intérêts sont essentiellement contraires ; aussi leur union n'est-elle que momentanée, et la violence préside plus souvent qu'une entente amicale à la fixation du salaire. Par une application barbare du principe de la division du travail, l'ouvrier est détourné de toute occupation supplémentaire propre à le

---

[1] *L'Organisation du trauvail*, § 19. Les avantages des six pratiques de la coutume font le sujet des six paragraphes suivants.

reposer par la diversité, et à lui servir de ressource pour les temps de chômage. La femme et l'enfant sont eux-mêmes arrachés au sanctuaire domestique, et condamnés à des fatigues qui ne conviennent ni à leur âge ni à leur sexe. La dignité de la mère et la pureté de sa fille ont également à souffrir de cet éloignement du foyer; et pour la plupart de ces familles ramenées à l'état nomade il n'y a même plus de foyer, partant plus de vie d'intérieur. Tandis que la femme et les enfants endurent, dans les réduits qui leur servent momentanément d'habitation, les tortures de la faim, le malheureux père emploie les profits de son travail à chercher dans l'ivresse l'oubli et le redoublement de sa dégradation.

Quelle est la cause de cet abandon général des bonnes coutumes d'où naissait la prospérité des ateliers? M. Le Play nous le dit hautement: c'est l'oubli des principes, car « à vrai dire, les six pratiques essentielles ne sont que l'application du Décalogue et du saint Évangile à la direction des ateliers de travail. » La Révolution, en détruisant l'influence de la religion sur les classes ouvrières, a donc tari la principale source de leur bien-être. Elle ne leur a pas été moins nuisible en proclamant son dogme fondamental, la séparation de l'ordre temporel et de l'ordre spirituel. Car c'est en appliquant cette monstrueuse erreur à l'industrie que l'économie politique en est venue à considérer l'ouvrier comme une machine, et à chercher les moyens d'exploiter ses bras avec le plus d'avantages possibles sans tenir nul compte de son âme. Du moment que le patron envisage de la sorte son ouvrier, il ne peut plus former avec lui aucune véritable société, et ne songe qu'à tirer de lui plus de profit à moins de frais; il ne se préoccupe ni de ses intérêts moraux ni de sa détresse physique dans les temps de chômage; il ne songe même pas à lui faciliter les moyens de pourvoir par une prévoyante épargne aux nécessités de sa vieillesse. Il se croit quitte de tous ses devoirs envers lui quand il lui a donné chaque jour le salaire convenu, comme on croit en avoir fait assez pour l'animal quand on lui a jeté sa pâture.

La Révolution, dit très-bien M. Le Play, a détruit l'état de dépendance réciproque ou, en d'autres termes, la solidarité qui, dans toute société prospère, unit les individus, les familles et les classes. De là résultent dans les situations privées, selon les aptitudes individuelles et les hasards de la naissance, des contrastes choquants. Les individus qui sont à la fois forts, habiles et prévoyants, débarrassés des devoirs du patronage, s'élèvent rapidement aux plus hautes situations. Les faibles de corps et d'esprit et les imprévoyants, privés de protection, tombent encore plus vite aux termes extrêmes de la souffrance physique et de la dégradation morale.

Nouvel exemple de la malédiction qui pèse sur les réformes révolutionnaires. On avait prétendu rendre la liberté au travail en abolissant les entraves qu'imposaient à leurs membres les anciens corps de métier, et l'on n'a réussi qu'à priver les ouvriers de l'appui et des avantages de tout genre qui accompagnaient ces entraves[1]. Le monopole, détruit en apparence, reparaît dans la grande industrie sous une forme plus

[1] Les ouvriers ne tardèrent pas à s'apercevoir du préjudice qui résultait pour eux de ce prétendu affranchissement. « Inquiets de l'isolement où ils se trouvaient depuis l'abrogation des anciennes corporations d'arts et métiers, ils réclamèrent, dès 1791, le droit de se réunir, dans un but d'assistance mutuelle, en cas de chômage ou de maladie. L'Assemblée nationale refusa de leur reconnaître ce droit, et elle chargea le député Chapelier de leur adresser la réponse suivante, le 14 juin de la même année : « Il ne doit pas être permis aux citoyens de se réunir pour leurs prétendus intérêts communs. C'est à la nation, c'est aux officiers publics, en son nom, à fournir des travaux à ceux qui en ont besoin, et des secours aux infirmes. » M. Le Play, qui rapporte ce fait (*Introduction à la paix sociale*, p. 36, note), ajoute : « Une telle aberration ne s'était jamais produite, avec un caractère officiel, chez aucun peuple civilisé. » Et nous, nous ajouterons : Cette aberration était la réfutation providentielle du mensonge par lequel le peuple français s'était laissé persuader qu'il trouverait sa liberté et son bien-être dans la révolte contre la loi de Dieu.

odieuse ; et la libre concurrence à laquelle est livrée la main-d'œuvre pousse l'ouvrier à employer pour maintenir ses droits les désastreuses violences de la grève. Tous les intérêts souffrent également de cet antagonisme, ceux du patron comme ceux de l'ouvrier ; mais l'intérêt le plus gravement compromis est celui de la société, constamment troublée dans ses profondeurs par les menaces de la guerre sociale.

Sur qui ferons-nous peser la responsabilité de ces désordres et de ces dangers ? Sont-ce les classes ouvrières qui sont les plus coupables ? Non, assurément : M. Le Play nous atteste que, partout où elles n'ont pas reçu des classes dirigeantes de funestes exemples et des enseignements pernicieux, elles sont attachées à l'ordre établi, et montrent une répugnance excessive pour tout changement. Pourquoi donc, depuis trois quarts de siècle, sont-elles devenues si inquiètes, si avides de bouleversements ? C'est que, depuis cette époque, la France et l'Europe entière sont ravagées par une contagion dont les classes dirigeantes ont subi les premières influences, et qu'elles ont communiquée au personnel jusqu'alors si heureux et si paisible des ateliers.

Elles ne se bornent pas à corrompre le peuple par

le mauvais exemple, en s'abandonnant à tous les écarts inspirés par les passions sensuelles et les intérêts égoïstes. Saisies d'une sorte de vertige, elles se livrent, contrairement à leurs intérêts les plus évidents, au prosélytisme de l'erreur et de la destruction. On les voit saper par leurs discours et leurs écrits, comme par leurs pratiques, les influences religieuses, l'esprit de famille, la tradition de hiérarchie, et en général les idées et les sentiments qui, jusque-là, avaient fait la force de la société... Enfin l'aberration est poussée au point que la loi elle-même, attaquant la propriété et par suite la famille et la religion, provoque sans relâche, malgré les volontés individuelles, la désorganisation de la société [1].

M. Le Play ne nous présente que sous une forme hypothétique cette description des influences que les ateliers ont subies en France depuis trois quarts de siècle. Mais qui ne le voit? hélas! l'hypothèse n'est que trop réalisée! Et peut-on hésiter à nommer de son propre nom la contagion qui, par les idées, par les mœurs et par les lois, fait pénétrer jusque dans les couches les plus profondes de la société française la corruption et le malaise longtemps bornés aux classes supérieures? A ces traits, qui ne reconnaît la Révolution?

[1] *L'Organisation du travail*, § 3.

§ XIII. LA RÉVOLUTION DÉSORGANISE LA COMMMUNÉ

Si des rapports privés nous passons à la vie publique, l'action délétère de cette puissance néfaste se révèle à nous par des effets encore plus sensibles. Nous ne parlerons pas de l'ordre politique, où cette action est tellement évidente qu'il est superflu de la signaler. Un seul fait en dit plus que tous les raisonnements. « En soixante-deux années, depuis la prise de la Bastille jusqu'à l'avénement du second empire, la France a changé dix fois, et souvent par la violence, la lettre des institutions et le personnel du gouvernement [1]. » Vingt ans se sont écoulés depuis que ces lignes ont été écrites, et la France, constante dans son instabilité, a continué, sous la dictature illégale du 4 septembre et sous son gouvernement présent, la série de ses transformations. Et plût à Dieu que nous approchions du terme, et qu'un nouveau bouleversement ne vienne pas bientôt démontrer encore une fois au monde le bien-être que le nouveau régime nous fait goûter ! Le bonheur étant toujours en raison inverse du désir de changement, ces

---

[1] *L'Organisation du travail*, § 17.

douze révolutions en moins d'un siècle nous donnent la mesure exacte de la félicité dont nous jouissons.

Mais peut-être nous dédommagerons-nous, par le calme et la liberté de notre vie municipale, des agitations et des mécomptes de notre vie politique. S'il en était ainsi, nous pourrions nous consoler; car nous sommes plus rapprochés de la commune que de l'État. Le particulier n'a avec les pouvoirs politiques que des rapports éloignés, tandis qu'avec l'autorité municipale il a des relations continuelles. Suivant que la commune est bien ou mal administrée, ses droits individuels et ses intérêts domestiques seront garantis ou exposés à de continuelles lésions. Le pouvoir de contrôler la gestion des affaires locales est donc pour lui d'une importance incomparablement plus grande que le droit de contribuer, pour sa trente-six millionième part, à la confection des lois générales. La Révolution, qui nous a promis toutes les libertés, n'aura pas oublié sans doute de nous assurer celle-là, la plus précieuse de toutes. — Nous l'avons déjà compris : non-seulement elle ne nous l'a pas assurée, mais elle l'a détruite. Aux franchises municipales du moyen âge elle a substitué la plus tyrannique de toutes les institutions, la centralisation bureaucratique; et elle

nous a fait descendre, au point de vue de l'auto-
nomie communale, non-seulement au-dessous
de l'Angleterre et de l'Amérique, mais même
plus bas que la Russie et la Turquie.

Voilà ce que nous atteste M. Le Play, et ce
qu'il nous offre comme l'incontestable résultat
de sa longue enquête.

Mais ne nous contentons pas de ces assertions
générales, ne craignons pas d'entrer dans le dé-
tail des faits. C'est le meilleur moyen de dissiper
le prestige mensonger des libertés modernes.
M. l'abbé Defourny, curé de Beaumont en Ar-
gonne, dont nous avons déjà eu l'occasion de
citer les travaux en faveur du droit des gens, a
publié une monographie de la petite ville dont il
est le pasteur, et il nous a fait connaître l'organisation de cette commune au moyen âge. Cet
exposé est d'autant plus intéressant qu'il ne
nous présente pas un fait isolé. La constitution
donnée à cette commune par les archevêques
de Reims, qui en étaient les seigneurs, avait été
étendue, sous le nom de *Loy de Beaumont,* à un
très-grand nombre de villes du nord-est de la
France ; et les autres constitutions urbaines
étaient en général fondées sur les mêmes principes. Aussi nous croyons devoir la rapporter
après M. Le Play, pour que nos lecteurs puis-
sent juger par eux-mêmes des progrès que

nous avons faits dans la jouissance de la vraie liberté.

Aux termes de la charte qui a régi pendant six siècles la commune de Beaumont, les impôts, d'ailleurs très-légers, sont fixés une fois pour toutes. La liberté individuelle est garantie. Les bourgeois élisent chaque année leurs magistrats municipaux, qui gouvernent la commune, rendent la justice civile et criminelle, donnent l'authenticité aux contrats. Les décisions touchant les intérêts communs sont prises, sur la place de l'église paroissiale, par une assemblée composée du maire, des échevins et de quarante des bourgeois les plus éclairés.

Le seigneur intervient à peine dans ce petit gouvernement local. Ses prérogatives se bornent à nommer un juré qui, de concert avec deux autres, désignés par les bourgeois, surveille l'emploi des fonds alloués sur les revenus seigneuriaux pour la défense et l'embellissement de la ville; à faire grâce dans certains cas spécifiés; enfin à recevoir le serment des magistrats nouvellement élus. Quant à ses obligations, elles consistent à défendre la commune contre les ennemis du dehors, sans imposer les habitants, ni les requérir pour le service militaire plus de vingt-quatre heures.

Les bourgeois ont, sur toute la partie du territoire non comprise dans la réserve du seigneur, la jouissance libre et gratuite des produits spontanés du sol, des forêts et des eaux, à la seule condition de se conformer à certaines règles d'ordre public. La pêche du poisson, l'abattage du bois et la cueillette des fruits sauvages fournissent aux familles, surtout aux moins aisées, des subventions précieuses pour la nourriture, ainsi que pour la construction, l'ameublement, l'éclairage et le chauffage des habitations.

Tel était le degré de liberté et de bien-être dont jouissaient les habitants de Beaumont, qu'ils se montrèrent constamment très-attachés à leur organisation municipale; et, au xviiie siècle, ils résistèrent avec une énergie digne d'un meilleur succès, aux empiétements par lesquels la royauté inculqua à la France le mépris des coutumes, puis l'esprit de révolution [1].

Il faut bien le reconnaître en effet : dans la commune comme dans l'atelier, les masses populaires que la Révolution soulève aujourd'hui contre les classes supérieures, ont résisté longtemps à sa fascination; et elles n'ont fini par y céder que sous l'influence des pouvoirs qui auraient dû les en défendre. La Révolution a été monarchique, parlementaire, savante, littéraire et élégante, avant de devenir ce qu'elle est aujourd'hui, démagogique et pétroleuse; et les peuples ont lutté contre les entraînements de la fausse liberté, qui les ont dépouillés de leurs vraies franchises, aussi longtemps que les classes

[1] *L'Organisation du travail*, § 14, n. 8.

dirigeantes ont maintenu, dans les idées et dans les mœurs, la notion de la liberté véritable et de la contrainte morale qui en est l'essentielle condition.

§ XIV. LA SOURCE DU MAL

Nous l'avons déjà fait remarquer : le danger de la méthode expérimentale adoptée par M. Le Play est de rester à la surface et de se borner à l'observation des faits sans pouvoir pénétrer jusqu'à ces profondeurs où se cachent les causes. Mais, hâtons-nous de le reconnaître, le chef de l'école de la réforme sociale s'est tenu en garde contre ce danger. Penseur profond autant qu'observateur sagace, après avoir patiemment étudié les résultats du mouvement révolutionnaire qui pousse à l'abîme la société moderne, il s'est appliqué à en analyser les causes. Déjà, dans ses précédents ouvrages, il avait établi que les désordres dont nous souffrons naissent encore plus de nos erreurs que de nos vices, et il nous avait signalé la plus grave de ces erreurs dans la tendance des peuples révolutionnaires à chercher hors du Décalogue la source de leur prospérité.

Dans des publications plus récentes, M. Le

Play a précisé davantage sa pensée[1]. Il nous a indiqué les deux fausses formules qui, selon lui, ont le plus contribué à égarer les esprits et à faire tomber dans le discrédit les vérités traditionnelles du genre humain. « La première est *la perfection originelle*, inventée par Jean-Jacques Rousseau, et appliquée en 1789; la seconde est *l'égalité providentielle*, inventée par A. de Tocqueville, et imposée par la violence en 1848. » Dans son admirable droiture, M. Le Play répugne à voir dans la propagation de ces erreurs l'effet d'une conspiration sciemment perverse; il croit plutôt qu'elle fut à l'origine une méprise malheureuse, occasionnée par les désordres que la société du dix-huitième siècle avait hérités du siècle précédent.

Les erreurs du *Contrat social*, dit-il, surgirent à une déplorable époque de corruption. Les hommes généreux qui furent les premiers disciples de Rousseau voyaient le vice envahir la société, tandis que, suivant la doctrine, le règne de la vertu aurait dû surgir des inclinations naturelles du cœur humain. Dans cette situation, ils prirent le change sur l'ori-

---

[1] *La Paix sociale.* — Cet ouvrage, dont l'auteur n'a publié encore que l'introduction, doit résumer ses précédents travaux. M. Le Play a de plus traité diverses questions pratiques relatives au même sujet dans neuf fascicules qui portent le titre commun d'*Union de la paix sociale.*

gine des désordres de leur temps... Partageant la méprise d'un maître éloquent, ignorant comme lui la pratique des vraies autorités sociales, ils attribuèrent le·mal à l'existence même de ces institutions tutélaires. Ils signalèrent comme cause de la décadence ce qui, dans tous les temps, chez toutes les races, avait été le vrai moyen de progrès. Dès lors, les gens de bien égarés, redoutables fléaux de la société, s'appliquèrent à ruiner dans l'opinion publique les traditions qui avaient fait précédemment la grandeur de notre race, et qui sont conservées avec sollicitude par les peuples prospères de notre temps. Les nouveaux apôtres eurent d'abord pour auxiliaires les individualités les plus notables et les moins morales de la classe dirigeante : des lettrés et des rois; Voltaire et Frédéric de Prusse. Puis vinrent les méchants, non pas plus dangereux, mais plus corrompus ou plus perspicaces, que gênaient les institutions traditionnelles. Ceux-ci dépassèrent vite les auteurs du mouvement. Ils se substituèrent les procédés de la violence à la discussion des idées... Ils s'assurèrent, momentanément, le concours des masses ignorantes et dégradées, en lâchant la bride aux plus mauvais instincts de l'humanité. Enfin, débordés à leur tour par les passions qu'ils avaient déchaînées, ils aboutirent fatalement à l'abominable régime de la Terreur [1].

Telle serait donc, suivant M. Le Play, la genèse de l'affreuse décadence que subit depuis

---

1 *La Paix sociale.* Introduction, § 11.

un siècle la société française. La Révolution serait née des causes suivantes qui se seraient engendrées l'une l'autre : d'abord la corruption inoculée aux classes supérieures par la cour de Louis XIV ; en second lieu, une première méprise théorique sur les causes de ces désordres, attribués exclusivement par Rousseau aux institutions sociales ; en troisième lieu, une seconde méprise pratique des gens de bien égarés par l'erreur de Rousseau, qui travaillent de toutes leurs forces à désorganiser la société ; en quatrième lieu, le concours des lettrés et des princes qui, de leur côté, battent en brèche les croyances religieuses et les lois de la morale ; en cinquième lieu, les méchants que gênent les institutions traditionnelles et qui cherchent à les renverser par la violence ; enfin les brutes, que ces méchants ont déchaînées et qu'ils sont ensuite impuissants à museler.

Il y a incontestablement beaucoup de vrai dans cette explication ; mais elle ne nous semble pas complète. C'est ici que Joseph de Maistre vient heureusement à notre aide. Si l'illustre publiciste vivait encore au milieu de nous, il accepterait les observations si judicieuses de M. Le Play ; mais il n'y verrait assurément aucun motif de rétracter le jugement qu'il portait, il y a soixante ans, sur la Révolution française.

Ce jugement, en effet, nous semble confirmé par les événements accomplis depuis cette époque ; et M. Le Play nous permettra d'en soutenir la justesse à l'aide de sa propre méthode, non-seulement par la considération des principes, mais par l'observation des faits.

Avec J. de Maistre, nous croyons que la Révolution, commencée à la fin du dernier siècle, et non encore terminée, est un événement sans précédent dans l'histoire du monde ; que, dans son principe et dans son but, elle est avant tout antireligieuse, bien que secondairement elle tende à bouleverser de fond en comble l'ordre politique, économique et social ; nous croyons qu'elle a été l'effet, non d'une méprise, mais d'une conspiration ; et que les plus pervers de ses auteurs n'ont pas été ceux qui ont tiré sur les échafauds les sanglantes conséquences de ses principes, mais ceux qui ont mis un infernal acharnement à propager les principes d'où ces conséquences devaient nécessairement découler.

M. Le Play nous permettra d'abord de lui faire remarquer qu'il n'est pas complétement juste envers Rousseau. Il réduit son influence sur le mouvement révolutionnaire à la proclamation du principe de la perfection native de l'homme. Sans doute c'est là une erreur radicale ; et Donoso Cortès nous l'a justement signalée comme la source d'où dérivent les plus pernicieux systèmes en vogue de nos jours. Cependant cette erreur n'occupe dans le *Contrat social* de Rousseau qu'un rang secondaire : le dogme fondamental de son Coran est la négation de toute autorité divine, et la création par la société elle-même du pouvoir qui la régit. Par ce principe, Rousseau portait à l'ordre social une atteinte bien plus profonde, puisqu'il lui ôtait le seul lien qui pût en tenir les membres solidement unis. En condamnant son Être suprême à une existence inactive, et en niant la divinité de Jésus-Christ, le sophiste jetait la société chrétienne hors de ses voies; il en bouleversait à la fois l'organisation religieuse et politique; il en abattait du même coup les deux têtes, l'autorité temporelle et l'autorité spirituelle.

Mais il avait été devancé dans cette entreprise par Voltaire, qui a dépassé de beaucoup son rival dans l'acharnement avec lequel il l'a poursuivie. La destruction du règne de Jésus-Christ a été la préoccupation constante de ce grand impie; c'est le but qu'il a constamment poursuivi par tous les moyens; en écrivant l'infâme poëme de *La Pucelle*, comme en débitant ses phrases sonores sur la tolérance, il était animé par une seule passion, poussé par un même désir : *Écraser*, dans son règne terrestre,

Celui que son infernale haine surnommait *l'infâme*. Ce n'est donc pas Voltaire qui a été l'auxiliaire de Rousseau ; c'est plutôt ce dernier qui est venu apporter le concours de ses captieux sophismes à une œuvre commencée et déjà bien avancée par les spirituels blasphèmes de Voltaire. Aidé de ses enthousiastes admirateurs, il a battu en brèche le côté politique et social de l'édifice dont, depuis bien des années déjà, Voltaire et les encyclopédistes sapaient la base religieuse.

Poussé par une bienveillance qui cette fois dépasse les bornes, M. Le Play cherche à expliquer par une méprise les attaques livrées par Voltaire à la religion et à la morale. « Avec les lettrés contemporains dont il résume les tendances, dit-il, Voltaire prit tout d'abord le change sur le but et les moyens de la réforme qu'il voulait accomplir. Pour rétablir la liberté religieuse, il crut devoir détruire les croyances. Pour restaurer la tolérance, il fit appel au scepticisme. Enfin, pour combattre les abus émanant de la corruption des clercs, il s'appliqua sans relâche à ruiner l'influence du clergé. » La correspondance de Voltaire réfute péremptoirement cette atténuation par trop bienveillante. Elle prouve avec évidence que la destruction des croyances était le but, et que la tolérance n'était qu'un prétexte employé pour arriver à ce but en trompant les simples ; que jamais Voltaire ne voulut sérieusement accomplir aucune réforme, et qu'il applaudit au contraire aux plus monstrueuses iniquités. S'il eût voulu sincèrement combattre la corruption des clercs, aurait-il choisi pour but spécial de ses attaques la Compagnie de Jésus, à laquelle ses ennemis eux-mêmes n'osèrent jamais reprocher le relâchement des mœurs ? Non, il n'est vraiment pas possible de le révoquer en doute : ce que Voltaire a voulu, c'est ce que la Révolution a accompli : détruire l'ordre social chrétien ; et Condorcet appréciait plus justement que M. Le Play l'influence de son maître, lorsque, en présence des ruines dont la Révolution avait couvert le sol de la France, il disait : « C'est Voltaire qui a fait tout ce que nous voyons. »

Si donc nous voulons remonter à la source de nos malheurs ; si nous ne tenons pas à nous mettre hors d'état de remédier au mal en nous dissimulant sa vraie nature, reconnaissons-le : dans la pensée de ses premiers auteurs et de ses meneurs principaux, la Révolution a été avant tout antichrétienne ; disons mieux : elle a été, elle est encore l'antichristianisme. Et comme l'esprit humain ne saurait plus inventer un autre Dieu que Jésus-Christ, en rompant avec Jésus-Christ, la société révolutionnaire a rompu avec Dieu. Pour la première fois, depuis que le monde existe, un absolu divorce a été officiellement opéré entre la terre et le ciel. Pour la première fois, les États ont prétendu se soutenir sans que la religion leur servît de base. Pour la première fois, la société a déclaré qu'elle entendait trouver tout en elle-même : son principe, son but, sa règle, son gouvernement, sa morale, son bonheur.

Telle la Révolution a été dès son principe, et telle nous la voyons encore aujourd'hui, avec cette différence, très-justement signalée par M. Le Play, que le mal, concentré au dernier siècle dans les classes supérieures, s'est aujourd'hui étendu aux masses. Mais, en s'emparant de ces masses, l'esprit de la Révolution a conservé le caractère antichrétien qu'il avait chez Voltaire. Aussi, voyez cette haine vraiment surhumaine contre une religion si bien faite pour être aimée des pauvres. Voyez cette rage contre le clergé, alors que le clergé, sorti des rangs du peuple, ne donne prise à l'envie et à l'hostilité ni par ses richesses, ni par ses priviléges, ni par son crédit politique, ni par son relâchement. M. Le Play dit quelque part que « les peuples guidés par un clergé digne de sa mission inclinent toujours vers la religion et même vers l'unité de foi[1]. » Comment alors se fait-il qu'au lieu de cette inclination, nos classes ouvrières manifestent contre la religion et le clergé une opposition toujours croissante ? M. Le Play a-t-il rencontré dans le cours de ses voyages beaucoup de clergés plus dignes de leur mission que le clergé français ? N'est-il pas évident que la haine dont il est l'objet naît uniquement de cet esprit antireligieux dont la Révolution a été possédée à son origine et qu'elle conserve dans toute sa force ? Aussi bien que les grands seigneurs de la cour de Louis XV, les masses devenues souveraines prétendent se passer de Dieu ; mais elles ne peuvent plus se contenter, comme ces aimables impies, de blasphémer avec esprit dans un salon pour égayer leurs loisirs ; plus sincères, mais aussi plus farouches dans leur impiété, elles vont droit aux conclusions pratiques. Elles mettent le feu à ces églises où on leur a persuadé que Dieu n'était plus ; et comme la Révolution, en étouffant leur foi, n'a pas rassasié leur faim, elles voient dans le pillage de la maison du riche la conséquence légitime de l'incendie de la maison de Dieu.

J. de Maistre n'a donc rien exagéré quand il a dit que la Révolution a un caractère satanique,

---

[1] *La Réforme sociale*, § 14.

et cette parole est aussi vraie aujourd'hui qu'au moment où elle fut écrite ; c'est ce caractère qui en fait un événement unique dans l'histoire. C'est ce qui explique la profondeur du mal et l'inutilité de tous les remèdes cherchés jusqu'à ce jour par la sagesse humaine dans l'ordre moral ou politique. Comment se fait-il que la plus cruelle expérience n'ait pu, depuis un siècle, ouvrir les yeux du peuple le plus spirituel du monde ? Pourquoi se condamne-t-il périodiquement aux mêmes douleurs et aux mêmes hontes ? Pourquoi ne sait-il échapper au despotisme que pour se précipiter dans l'anarchie, et fuir l'anarchie que pour se livrer de nouveau au despotisme ? Pourquoi le génie, l'habileté, la gloire militaire se sont-ils trouvés également incapables de nous régénérer ? C'est qu'on s'est contenté de couper les branches politiques et sociales de l'arbre révolutionnaire, et l'on a laissé subsister la racine irréligieuse. On a cherché à supprimer les conséquences de la doctrine qui nous perd, et l'on a laissé subsister les principes.

M. Le Play nous a signalé avec beaucoup de justesse deux de ces principes ; mais l'analyse des faits et des doctrines révolutionnaires nous en révèle d'autres également importants, et nous oblige de les ramener tous à un principe premier qui appartient, comme Proudhon lui-même le reconnaît, à l'ordre théologique [1]. Nous pouvons de la sorte formuler dans son intégrité le symbole de la Révolution. Lisons-le attentivement, afin d'avoir présent à l'esprit un signe infaillible de la fin de nos malheurs. Nous sortirons de la période révolutionnaire quand tous les articles de ce symbole auront été solennellement répudiés par la société.

Voici donc traduite en termes clairs et intelligibles la doctrine que la fameuse déclaration de 1789 a enveloppée dans ses hypocrites formules. Au lieu de dix-sept articles que renferme cet obscur symbole, nous pouvons nous contenter de cinq.

Article premier. — La société est émancipée de l'autorité de Dieu; et elle ne reconnaît plus la royauté spirituelle que Jésus-Christ exerce

---

[1] Dans le cinquième fascicule de l'*Union de la paix sociale*, dont nous avons eu connaissance après la composition du présent article, M. Le Play se rapproche plus qu'il ne l'avait fait dans ses précédentes publications de la doctrine que nous exposons en ce moment. Il fait dériver, comme nous, tous les désordres de la Révolution, de la négation de l'autorité divine; et aux deux principes déjà signalés par lui il joint celui que nous nommons le principe politique de la Révolution, à savoir le droit à la révolte. Il ne reste donc plus qu'à nous accorder sur le principe économique, à savoir sur le droit à la jouissance; et cet accord sera d'autant plus facile à établir, que M. Le Play s'exprime en toute occasion avec une grande sévérité au sujet de l'économie politique fondée tout entière sur ce principe.

dans le monde par l'Église. (C'est le principe *théologique* de la Révolution.)

Article second. — L'humanité n'admet plus aucun pouvoir d'origine surhumaine ; ceux qu'elle établit pour la gouverner restent sous sa dépendance, et peuvent être renversés quand il lui plaît. (Principe *politique*.)

Article troisième. — L'homme est sur la terre pour jouir ; et la société est instituée pour donner à tous ses membres la plus grande somme de jouissances possible. (Principe *économique*.)

Article quatrième. — Les lois étant le produit de la volonté générale, tous les citoyens ont un droit égal à les porter et à les repousser ; ils sont tous égaux et souverains. (Principe *civil*.)

, Article cinquième. — L'homme est bon par essence, et ne peut devenir mauvais que par suite de la mauvaise constitution de la société. Il faut donc changer cette constitution jusqu'à ce qu'on en trouve une qui donne pleine satisfaction à toutes les inclinations naturelles des citoyens. (Principe *moral*.)

Aucun lecteur de bonne foi n'hésitera, pensons-nous, à reconnaître dans ces cinq articles la vraie doctrine de la Révolution. On les retrouve plus ou moins nettement accusés au fond de toutes les théories, de toutes les histoires, de toutes les déclamations qui ont pour but de faire prévaloir la civilisation moderne sur l'ordre social chrétien.

Et cette opposition n'est pas seulement un fait certain, elle dérive de la nature des choses. Au moment où l'ordre chrétien était renversé de fond en comble, il fallait nécessairement lui substituer un ordre nouveau, reconstruire la société de la base jusqu'au sommet. La société chrétienne était un tout parfaitement harmonieux : elle avait sa morale, sa politique, son organisation civile et économique; et tout cela dérivant de sa théologie, à savoir de la royauté de Jésus-Christ et de la suprématie de l'Évangile. Quand la société n'a plus voulu de cet ordre, disons mieux, lorsque quelques sophistes pervers ont résolu de priver la société de ces bienfaits du Ciel, ils ont été contraints de les remplacer par des éléments purement terrestres. Incapables de faire intervenir une nouvelle nymphe Égérie et de ressusciter Mahomet, ils ont dû créer une constitution sociale purement humaine, mettre par conséquent à la tête de la société un pouvoir purement humain, lui proposer pour fin un bonheur purement terrestre;

dépouiller ses lois de toute sanction divine, et délivrer de tout assujettissement les passions naturelles des citoyens ; ces quatre articles étaient la conséquence nécessaire du premier, qui contient le principe fondamental de l'ordre nouveau : la séparation de l'ordre temporel et de l'ordre spirituel, la sécularisation de la société.

Il est donc évident que nous ne sortirons de la Révolution que lorsque nous aurons renié ce premier principe avec toutes ses conséquences. Il n'est pas une seule des cinq erreurs que nous venons d'énumérer qui ne suffise pour opposer au rétablissement de l'ordre un obstacle insurmontable. On ne saurait donc rendre à la société sa stabilité et son bien-être sans les détruire toutes, alors même qu'il serait possible de les séparer les unes des autres ; mais c'est chose impossible : car toute l'habileté du monde ne saura faire que la société subsiste longtemps sans rattacher à un principe quelconque les droits de ceux qui commandent, les devoirs de ceux qui obéissent, les rapports essentiels et les tendances communes de tous ses membres. A tous ces problèmes agités sans relâche depuis un siècle il faut une solution ; elle est réclamée impérieusement, non par quelques intelligences contemplatives qui spéculent dans le silence du cabinet, mais par les masses que la liberté de la presse a initiées à ces formidables questions. Or, il n'y a évidemment que deux solutions possibles ; et si nous ne revenons pas à la solution chrétienne, il n'y a plus qu'à nous résigner aux conséquences radicales de la solution révolutionnaire.

Un esprit aussi droit que celui de M. Le Play ne pouvait manquer de saisir cette inévitable alternative. Aussi ne sommes-nous pas étonné de le voir, à mesure qu'il avance dans le déve-loppement de sa doctrine, insister davantage sur la nécessité de commencer la réforme sociale par le rétablissement des croyances chrétiennes. Cette réforme ne se ferait pas longtemps attendre s'il se trouvait un plus grand nombre d'hommes suffisamment sincères pour en comprendre et en réaliser la plus essentielle condition.

FIN DE LA DEUXIÈME ET DERNIÈRE PARTIE

LA BIBLIOTHÈQUE

DE

L'UNION DE LA PAIX SOCIALE [1]

(Au 1er juin 1875.)

OBSERVATION PRÉLIMINAIRE

Le public peut se procurer les ouvrages de la Bibliothèque *chez les libraires ci-dessous indiqués.*

Les membres de l'Union peuvent, en outre, s'adresser à M. Dupont, vice-trésorier de la Société d'économie sociale, trésorier de l'Union, à Paris : rue Perrault, n° 2, au coin de la place du Louvre, le vendredi de 1 h. à 3 h. — Rue du Rocher, n° 34, chaque matin, de 9 à 11 h., et le mardi, de 1 à 5 h. (Août et Septembre exceptés.)

1re SECTION. Ouvrages de M. F. Le Play qui, en appliquant la Méthode à l'étude des *Familles,* ont préparé l'étude des *Sociétés.*

(Paris, au siége de la Société d'économie sociale, rue Perrault, n° 2, au coin de la place du Louvre.)

Nota. — Ces ouvrages se composent d'études comparées sur la population ouvrière des diverses régions du globe, et offrent les vrais fondements de la science sociale.

Les Ouvriers européens, Études sur les Travaux, la Vie domestique et la Condition morale des populations ouvrières de l'Europe; précédées

[1] Les Éditeurs et l'Auteur des ouvrages cités dans les trois sections de la Bibliothèque, voulant concourir, autant qu'il dépend

d'un exposé de la méthode d'observation, suivies d'un appendice résumant les conclusions déduites des faits observés. Ouvrage couronné le 28 janvier 1856 par l'Académie des sciences de Paris. — 1 vol. in-folio. Paris, Imprimerie impériale, 1855. — Édition de luxe, épuisée en 1856. — Prix d'émission. 60 fr. — Prix courant aux ventes publiques (en 1874).. 130 fr.

Monographies d'Ouvriers des deux mondes, publiées sur la demande de l'Académie des sciences; insérées dans le recueil de la Société des études pratiques d'économie sociale, ayant pour titre : Les Ouvriers des deux mondes. — Tomes I à IV (1858 à 1863); et 1ʳᵉ partie du tome V (1875); in-8°. — Prix de chaque vol............... 10 fr.

Instruction sur la Méthode d'observation dite des *Monographies de Familles*. — 1 brochure in-8°. — Prix...................... 1 fr.

Bulletin des séances de la Société des études pratiques d'économie sociale. — (1866 à 1875), 4 vol. in-8°. — Prix de chaque volume............ 8 fr.

d'eux, au succès de l'Union, ont renoncé à tout profit sur la vente de ces ouvrages. Voir la *Réforme sociale,* 5° édition, avertissement des Éditeurs. — Une partie des ressources fournies à l'Union par les Fondateurs est affectée par le Trésorier à des réductions de prix en faveur des membres qui, dans leur propagande, ne se contentent pas des livres reçus en remboursement de la cotisation annuelle.

2ᵉ SECTION. Ouvrages de M. F. Le Play
qui ont préparé l'*Union*, et en propagent les travaux.

(Tours, Alfred Mame et fils, éditeurs; Paris, Dentu.)

Nota. — L'objet spécial de ces ouvrages est de décrire les
mœurs et les institutions qui offrent les meilleurs modèles pour
la réforme sociale de la France et des autres nations de l'Occident.

La Réforme sociale en France, déduite de
l'observation comparée des peuples européens. —
3 forts vol. in-18. 5ᵉ édition, 1874, augmentée et re-
fondue. — Prix des trois volumes............ 7 fr.

L'Organisation du travail, selon la Coutume des ateliers et la loi du Décalogue; avec un
précis d'observations comparées sur la distinction
du bien et du mal, les causes du mal actuel et les
moyens de réforme, les objections et les réponses,
les difficultés et les solutions. — 1 fort vol. in-18.
3ᵉ édition, 1871. — Prix.................... 2 fr.

L'Organisation de la famille, selon le vrai
modèle signalé par l'histoire de toutes les races et de
tous les temps. — 1 vol. in-18, 2ᵉ édition, 1875,
revue et corrigée. — Prix .... 2 fr.

Introduction à la Paix sociale. Réponse
aux questions qui se posent dans l'Occident depuis les
événements de 1871.—1 br. in-18.; 1ʳᵉ édition, 1871;
2ᵉ édition augmentée. (Sous presse.)—Prix. 50 cent.

Correspondances sur l'Union de la Paix

sociale. — Huit brochures in-18 (n° 1 à n° 8). — Prix de chaque brochure............. 30 cent.

N° 1. L'Urgence de l'Union en France, lettre de M. le comte de Butenval, ancien ministre plénipotentiaire, ancien conseiller d'État, ancien sénateur, avec réponse de M. F. Le Play. — 2ᵉ édit., 1874.

N° 2. L'Accord des partis politiques, lettre de M. Lucien Brun, bâtonnier de l'ordre des avocats de Lyon, député de l'Ain à l'Assemblée nationale, avec réponse de M. F. Le Play. — 2ᵉ édition, 1874.

N° 3. Le Retour au vrai et le Role du clergé, lettre de Mᵍʳ Isoard, auditeur de Rote pour la France, avec réponse de M. F. Le Play. — 3ᵉ édition, 1875.

N° 4. La Question sociale et l'Assemblée. Réponse aux questions des députés membres de l'Union, par M. F. Le Play. — 2ᵉ édition, 1874.

N° 5. Le Principe et les Moyens du salut, en France, lettres de lord Denbigh, pair d'Angleterre, et de lord Robert Montagu, membre de la Chambre des Communes, avec une Notice de M. F. Le Play. 2ᵉ édition, 1874.

N° 6. La Presse périodique et la Méthode, à propos de l'œuvre de M. F. Le Play; lettre et conférence, par M. Emm. de Curzon, propriétaire cultivateur à Moulinet (Vienne). — 2ᵉ édition, 1874.

N° 7. — Prélude aux unions nationales et locales. — Notice sur le Comité d'Union de Paris, avec le précis historique des travaux qui en ont préparé la fondation, par M. F. Le Play. — 1874.

N° 8. La Méthode expérimentale et la Loi divine, lettre de M. P. Pradié, député de l'Aveyron à l'Assemblée nationale, auteur de la *Philosophie du Cosmos*, avec réponse de M. F. Le Play. — 1875.

3e SECTION. Ouvrages publiés par le Comité d'Union de Paris.

(Tours, Alfred Mame et fils, éditeurs; Paris, Dentu.)

Nota. — Le comité recherche spécialement le meilleur cadre à donner aux Monographies de sociétés. Ce cadre doit mettre le mieux possible en lumière les idées, les mœurs et les institutions qui, dans tous les temps et chez toutes les races, ont fait régner la paix ou la discorde, selon qu'elles conservaient ou détruisaient les traditions du Décalogue éternel.

§ 1. MONOGRAPHIES DE SOCIÉTÉS

La Constitution de l'Angleterre, par M. F. Le Play, avec la collaboration de M. A. Delaire. — 2 vol. in-18. (Sous presse.)

§ 2. ANNUAIRES DE L'UNION

Annuaire de 1875, donnant le programme de l'Union, la liste de ses membres et le précis de leurs travaux. (Sous presse.)

§ 3. PUBLICATIONS DIVERSES

1re **Livraison.** — Programme de l'Union et Liste de ses membres, avec un précis sur la Bibliothèque de l'Union au 15 Décembre 1874. — 1 br. in-18, 2e édition. — Prix...................... 30 cent.

LA BIBLIOTHÈQUE ANNEXÉE

Nota. — Les ouvrages admis dans ce complément de la Bibliothèque sont ceux qui ont été entrepris pour seconder l'œuvre de l'Union, mais qui demeurent la propriété de leurs auteurs. Ceux-ci peuvent s'entendre avec le Trésorier pour mettre leurs ouvrages à la disposition des membres de l'Union, le vendredi, de 1 h. à 3 h., au siége du Comité; et le mardi, de 1 h. à 5 h., chez le Trésorier.

Bousies (M. le comte de), de Mons, Belgique. — *La Liberté testamentaire en France.* 1 br. in-8°; Mons, Dequesne-Masquillier, 1871. — Prix... 1 fr.

Breda (M. le comte de), de Paris. — *La Loi de Dieu et les Règlements sociaux.* — 1 br. in-18; Paris, Albanel. — Prix................. 30 cent.

Demolins (M. Edmond), de Marseille. — *Le Mouvement communal et municipal au moyen âge.* — 1 vol. in-18; Paris, Didier, 1875. — Prix.... 3 fr.

Jannet (M. Claudio), d'Aix en Provence. — *Les Résultats du partage forcé des successions en Provence.* Rapport à la Société d'Économie sociale. — 1 br. in-8°; Paris, Durand et Pédone, 1871. — Prix... 1 fr.

Moreau d'Andoy (M. A. de), de Namur, Belgique. — *Le Testament selon la pratique des familles stables et prospères.* — 1 vol. in-18; Namur, Balon-Vincent; Paris, Dentu. — Prix............. 3 fr.

Ribbe (M. Charles de), d'Aix en Provence. — *Les Familles et la Société en France avant la Révolution.* — 2 vol. in-18; 2e édition; Paris, Albanel, 1874. — Prix...................... 6 fr.

FIN

5246. — Tours, impr. Mame.